CHEFKOCH

EUROPAS GRÖSSTE FOOD-COMMUNITY: **20 MILLIONEN USER WISSEN, WAS SCHMECKT**

Hüttengaudi

DIE BESTEN REZEPTE VON CHEFKOCH

Impressum

Math. Lempertz GmbH
Hauptstraße 354
53639 Königswinter
Tel.: 02223 / 90 00 36
Fax: 02223 / 90 00 38
info@edition-lempertz.de
www.edition-lempertz.de

Lektorat: Math. Lempertz GmbH
Layout/Satz: Ralph Handmann
Gesamtherstellung: Belvédère Print & Packaging BV, Niederlande, www.TheArtOfMakingBooks.de
ISBN: 978-3-96058-482-7

Foodfotos:
Umschlag Vorderseite: Gorenc, Denise /Blueberry Food Studios
Umschlag Rückseite: Fotos (v.l.n.r.): Gottwald, Jorma

Innenteil:
Fotos:
Cramer, Marie-Therese: S. 10, 100
Gorenc, Denise/Blueberry Food Studios: S. 38, 102, 110
Gottwald, Jorma: S. 16, 20, 22, 24, 28, 32, 42, 54, 56, 58, 60, 62, 70, 74, 76, 82, 88, 108
Neckermann, Thomas: S. 8, 12, 14, 18, 30, 46, 48, 68, 72, 80, 86, 94, 92, 96, 98, 104, 112, 116
Pankrath, Tobias/Blueberry Food Studios: S. 6, 34, 40, 44, 66, 84, 106, 118
Schröder, Bruno/Blueberry Food Studios: S. 26, 52, 64, 78, 90, 114
Südfels, Thorsten/Blueberry Food Studios: S. 50
Westermann+Buroh Studios: S. 36

FSC
www.fsc.org
MIX
Papier | Fördert gute Waldnutzung
FSC® C016391

Foodstylisten: Baum, Katja; Brown, Clarence; Büngener, Jürgen; Ellmer, Achim; Fänger, Friederike; Frenzel, Raik/Blueberry Food Studios; Geiselmann, Roland; Gordiyenko, Vladlen/Blueberry Food Studios; Grossmann, Lukas; Hildebrandt, Jens/Blueberry Food Studios; Junghanß, Elisa; Krause, Leonie; Leyendecker, Sophie; Lie, Boris/Blueberry Food Studios; Lucas, Anne; Luck, Julia; Pingel, Tom/Blueberry Food Studios; Pio; Trenkle, Sarah; Wolken, Michele

Stylisten: Gorenc, Denise/Blueberry Food Studios; Heinatz, Katrin; Mähler, Christine; Pankrath, Tobias/Blueberry Food Studios; Rahtjen, Katja; Rehbock, Anka; Schenk, Dörthe; Schröder, Bruno/Blueberry Food Studios; Stüber, Meike; Südfels, Thorsten/Blueberry Food Studios

CHEFKOCH

EUROPAS GRÖSSTE FOOD-COMMUNITY: **20 MILLIONEN USER WISSEN, WAS SCHMECKT**

Hüttengaudi

DIE BESTEN REZEPTE VON CHEFKOCH

Inhalt

Salate

Suppen

Vegetarische Hauptgerichte

Hauptgerichte mit Fleisch

Knödel

Gebäck & Nachspeisen

Liebe Leserinnen und Leser,

willkommen in der kulinarischen Welt der Alpen! Hier erwarten Sie Schlemmergerichte, die von herzhaft bis süß eine ganz besondere Atmosphäre in Ihr Esszimmer zaubern. Vom Allgäu bis nach Südtirol haben wir die Glanzlichter der traditionellen Küche für Sie, die ganz bestimmt keine Wünsche offen lassen.

Wir starten mit Salaten und Suppen mit schmackhaftem Hüttencharme, die nicht nur den Gaumen, sondern auch das Auge erfreuen. Ein besonderes Highlight ist der farbenfrohe Brezensalat, der bei Groß und Klein gut ankommt.

Mit dem Hauptgericht geht die Gaumengaudi so richtig los: Fleischliebhaber erwarten deftige Gerichte, die einfach herzhaft munden. Braten, Maultaschen und Alpenschmaus-Auflauf sind nur einige der Variationen, die den Charakter der Alpen auf Ihren Teller transportieren. Auch Vegetarier kommen in der Hüttengaudi voll auf ihre Kosten: Zahlreiche köstliche Knödel-Rezepte sind für alle ein Genuss.

Die Hüttengaudi-Küche ist vielfältig, reich und so weit wie der Panoramablick von der Alm übers Tal. Mit unserem Hütten-Kaffeeklatsch zum Ausklang des Menüs kommen wir zu feinem Gebäck und besteigen die himmlischen Gipfel der Alpen-Desserts.

All die leckeren Gerichte in diesem Kochbuch haben die privaten Hobbyköchinnen und -köche der Chefkoch-Community kreiert und auf der Plattform Chefkoch.de veröffentlicht. Die besten Rezepte wurden vom CHEFKOCH-Team ausgewählt, geprüft, nachgekocht und im Fotostudio in Szene gesetzt.

Wir wünschen Ihnen eine wunderbare kulinarische Reise ins Alpenland!

Viel Freude beim Nachkochen und guten Appetit!

wünscht Ihr CHEFKOCH-Team

Salate

Wurstsalat à la Corela
Allgäuer Sennersalat von der Alm
Deftiger Rettich-Weißwurst-Salat
Kartoffel-Feldsalat
Brezensalat
Allgäuer Käsesalat

Wurstsalat à la Corela ★★★½

Pro Portion | 710 KCAL

ZUTATEN (4 Portionen)

1 Knoblauchzehe
400 g Fleischwurst
200 g Emmentaler
3 Schalotten
5 Gewürzgurken
½ Bund Schnittlauch
Salz, Pfeffer
3 El Weißweinessig
9 El Walnussöl

SIMPEL
15 Min.

1. **Knoblauchzehe** halbieren, eine Schüssel damit ausreiben. **Wurst** und **Käse** in Streifen, **Schalotten** in dünne Scheiben schneiden, **Gewürzgurken** würfeln. In der Schüssel vermengen.

2. Für das Dressing **Schnittlauch** in Röllchen schneiden. **Salz**, **Pfeffer**, **Essig** und **Öl** dazugeben, gut verrühren. Mit dem Salat vermischen. Dazu passt Baguette.

EFLIP: „Haben die Knoblauchzehe ins Dressing gedrückt und noch Cocktailtomaten."

Allgäuer Sennersalat von der Alm ★★★★

Pro Portion | 742 KCAL

ZUTATEN (4 Portionen)

600 g Allgäuer Emmentaler (in Scheiben)

400 g gekochter Schinken (in Scheiben)

2 Bund Radieschen

1 großes Bund Schnittlauch

3 El Weißweinessig

Salz, Pfeffer

5 El neutrales Öl

1. **Käse** und **Schinken** in Streifen schneiden. **Radieschen** putzen, in dünne Scheiben schneiden. **Schnittlauch** in Röllchen schneiden. Alles in eine Schüssel geben.
2. **Essig**, **Salz**, **Pfeffer** und **Öl** zu einer Marinade verrühren. Über die Salatzutaten gießen, gut mischen.

SIMPEL

15 Min.

BIJOU1966: „Ich habe ihn am Vormittag zubereitet, damit er ein wenig durchziehen kann. Mit selbst gebackenem Ciabatta der Hammer!"

KAKTUS1709: „Die Kombination ist sehr gelungen. Mal was anderes als die klassischen Weißwürste mit süßem Senf und Brezeln!"

Deftiger Rettich-Weißwurst-Salat ★★★★½

Pro Portion | 444 KCAL

ZUTATEN (4 Portionen)

300 g Rettich
100 g Radieschen
Salz
300 g Weißwurst
2 Gewürzgurken
2 mittelgroße rote Zwiebeln
evtl. **1–2 Handvoll** Salatblätter

Für die Vinaigrette

2 El süßer Senf
4 El Weißweinessig
8 El Sonnenblumenöl
schwarzer Pfeffer aus der Mühle
1 Bund Schnittlauch

1. **Rettich** schälen und in dünne Scheiben hobeln. Radieschen putzen und in dünne Scheiben schneiden. In eine Schüssel geben, leicht salzen und ca. 15 Min. ziehen lassen.

2. **Weißwürste** in reichlich siedendem (nicht kochendem) Wasser 5–7 Min. gar ziehen lassen. Herausnehmen, lauwarm abkühlen lassen.

3. **Weißwürste** pellen, in Scheiben schneiden. **Gewürzgurken** ebenfalls in Scheiben, **Zwiebeln** in dünne Ringe schneiden.

4. **Rettich-Radieschen-Mischung** etwas abtropfen lassen, mit **Weißwurst**, **Gurken** und **Zwiebeln** mischen.

5. Für die Vinaigrette **Senf** mit **Essig**, **Öl** und etwas **Pfeffer** verrühren. **Schnittlauch** in feine Röllchen schneiden und untermischen.

6. Vinaigrette über die Salatzutaten gießen, alles gut vermischen. Mit **Salz** und **Pfeffer** abschmecken, **Salat** ca. 15 Min. durchziehen lassen. Nach Belieben Salatblätter unterheben.

TIPP

Veggie-Variante: Ohne Wurst nix los? Von wegen! Würfel aus Gouda, Emmentaler oder Räuchertofu machen sich auch hervorragend in diesem pikanten Salat!

OPMUTTI: „Statt Estragonsenf habe ich normal scharfen Senf genommen und getrockneten Estragon hinzugegeben."

Kartoffel-Feldsalat ★★★★★

VEGAN

Pro Portion 246 KCAL

ZUTATEN (4 Portionen)

1 kg festkochende Kartoffeln
Salz, Pfeffer
1 mittelgroße rote Zwiebel
1 El Estragonsenf
1 Tl Zucker
6 El Kräuteressig
3 El neutrales Öl
250 g Feldsalat

SIMPEL
40 Min. + 30 Min. Marinierzeit

1. **Kartoffeln** ungeschält in kochendem Salzwasser 20 Min. garen, abgießen und etwas abkühlen lassen.

2. **Zwiebel** fein würfeln. **Kartoffeln** pellen, in 3 mm dicke Scheiben schneiden und in eine Schüssel geben. **Zwiebel** untermischen.

3. Für die Marinade **Senf** mit **Zucker** und 1 Tl **Salz** gut verrühren, **Essig** und 6 El **Wasser** unterrühren. Über die noch warmen **Kartoffeln** gießen. **Öl** zufügen, Salat mit **Pfeffer** würzen und alles gut mischen. Mindestens 30 Min. durchziehen lassen.

4. Kurz vor dem Servieren den **Feldsalat** putzen und unterheben.

TIPP

Weichheit siegt: Mit einem flexiblen Teigschaber aus Silikon, den man sonst fürs Backen nimmt, lassen sich große Mengen Kartoffeln einfach durchrühren, ohne dass sie brechen oder zermatschen.

- Kochen Sie am besten gleich die doppelte Menge Pellkartoffeln und bewahren einen Teil davon für die nächsten Tage auf – perfekt für Bratkartoffeln, Bauernfrühstück oder ein schnelles Kartoffelgratin.
- Zum Feldsalat passen zusätzlich krosse Speckwürfel.

Brezensalat ★★★★½

VEGGIE

Pro Portion 393 KCAL

ZUTATEN (4 Portionen)

2 große Laugenbrezeln
8 El Olivenöl
2 El Butter
6 Radieschen
150 g Kirschtomaten
1 Salatgurke
2–3 El Weißweinessig
Salz, Pfeffer
1 Tl flüssiger Honig
1 El süßer Senf
100 g Blattspinat oder Feldsalat

1. **Brezeln** in fingerdicke Scheiben schneiden. In einer Pfanne 4 El **Öl** und **Butter** erhitzen. **Brezelscheiben** darin bei mittlerer Hitze knusprig braten.

2. **Radieschen** putzen und in Scheiben schneiden. **Tomaten** halbieren. **Gurke** längs vierteln, Kerne entfernen und die **Gurke** in Stücke schneiden. **Radieschen**, **Tomaten** und **Gurke** in eine große Schüssel geben.

3. **Essig**, **Salz**, **Pfeffer**, **Honig**, **Senf** und restliche 4 El **Öl** verrühren, über die Gemüsemischung geben.

4. **Spinat** putzen und unterheben. Zum Schluss die knusprigen **Brezelscheiben** untermischen und sofort servieren.

SIMPEL

30 Min.

REMEDY123: „Ich gebe immer noch einen Spritzer Zitronensaft ins Dressing. Schmeckt schön frisch."

BANSHEE68: „Volltreffer! Als die Schüssel leer war, haben meine Männer sich beschwert, warum nichts mehr da ist."

Allgäuer Käsesalat ★★★★★

VEGGIE

Pro Portion 386 KCAL

ZUTATEN (8 Portionen)

60 g saure Sahne
60 g Joghurt
Saft von ½ Zitrone
1 El Öl
1 Knoblauchzehe
Salz, Pfeffer
Zucker
700 g Allgäuer Emmentaler (in Scheiben)
1 Bund Radieschen
¼ **Kopf** Eisbergsalat
150 g Cornichons

1. **Saure Sahne**, **Joghurt**, **Zitronensaft** und **Öl** verrühren. **Knoblauch** dazu pressen, mit **Salz**, **Pfeffer** und **Zucker** pikant abschmecken.

2. **Käse** eventuell entrinden und in Streifen (0,5 × 4 cm) schneiden. In eine Schüssel geben und mit dem **Dressing** mischen.

3. **Radieschen** waschen, putzen, in dünne Scheiben schneiden. **Eisbergsalat** waschen, in Streifen schneiden. **Gürkchen** abtropfen lassen, in dünne Scheiben schneiden. Alles zum **Käse** geben, gut vermengen und mindestens 15 Min. bei Zimmertemperatur durchziehen lassen.

TIPP Wenn man Salat und Radieschen erst kurz vor dem Servieren zugibt, kann man den Rest auch schon am Vorabend vorbereiten. Vor dem Servieren nach Belieben noch mit 1 El Schnittlauchröllchen bestreuen.

TIPP **Würzig und sämig:** Besonders würzig wird der Salat, wenn man die Hälfte des Allgäuer Käses durch nicht allzu kräftigen Bergkäse ersetzt. Das Dressing wird schön sämig, wenn man es mit dem Pürierstab zubereitet.

Suppen

Pressknödelsuppe
Leberknödelsuppe
Süddeutsche Brotsuppe
Tiroler Gerstlsuppe
Gulaschsuppe

DACOTA2006: „Im Tiefkühler habe ich immer Brötchenwürfel in 250-Gramm-Portionen, ebenso gehackte Petersilie."

WAUZI120: „Hammer, noch bisschen getunt mit Speckwürfelchen!"

Pressknödelsuppe ★★★★½

Pro Portion | 605 KCAL

ZUTATEN (3 Portionen)

250 g altbackene Brötchen (2–3 Tage alt)

100 g Emmentaler

2 El gehackte Petersilie

Salz, Pfeffer, Muskat

1 gehäufter El Mehl

1 mittelgroße Zwiebel

3 El Öl

125 ml Milch

2 Eier (Kl. M)

1,5 l Gemüse- oder Fleischbrühe

1 El Schnittlauchröllchen

SIMPEL

30 Min. + 20 Min. Kochzeit + 15 Min. Ruhezeit

1. **Brötchen** in kleine Würfel schneiden, in eine Schüssel geben. **Emmentaler** klein würfeln, mit **Petersilie** zu den Brötchenwürfeln geben. Mit **Salz**, **Pfeffer** und **Muskat** würzen. **Mehl** darüber stäuben und unterrühren.

2. **Zwiebel** fein würfeln. In einem kleinen Topf 1 El **Öl** erhitzen, **Zwiebel** kurz anschwitzen, **Milch** zugeben und erwärmen. Über die Brötchen gießen.

3. **Eier** mit einem Schneebesen aufschlagen und unter die Brotmasse rühren. Die Brötchenwürfel sollten leicht feucht, aber nicht zu nass sein. Sollte die Masse zu trocken sein, noch etwas warme Milch zugeben. 15 Min. ruhen lassen.

4. In einer beschichteten Pfanne 1 El **Öl** erhitzen. Mit den Händen 6 flache Knödel formen, dabei fest zusammenpressen, sodass sie nicht auseinanderfallen. Knödel bei mittlerer Hitze portionsweise von beiden Seiten goldbraun braten.

5. Inzwischen **Brühe** aufkochen. Hitze reduzieren, angebratene Knödel darin etappenweise 8–10 Min. ziehen lassen. Mit gehacktem **Schnittlauch** bestreuen und servieren.

TIPP **Ab in die Suppe!** Der knusprige Pressknödel fühlt sich in würziger Brühe sichtlich wohl – und schmeckt so gut!

MOUSAIA: „Ich habe Hähnchenleber und Hühnerbrühe genommen und den Knödeln Muskat beigefügt."

Leberknödelsuppe ★★★★

Pro Portion 591 KCAL

ZUTATEN (4 Portionen)

400 g altbackene Brötchen

500 ml heiße Milch

1 Zwiebel

½ Bund Petersilie, Blätter abgezupft

2 El Butter

3 Stiele Majoran, Blätter abgezupft

250 g durch den Fleischwolf gedrehte Kalbsleber (beim Metzger vorbestellen)

2 Eier (Kl. M)

Salz, Pfeffer

300 g Knollensellerie

150 g Möhren

150 g Lauch

1,5 l Gemüsebrühe

2 Lorbeerblätter

8 Pimentkörner

1. **Brötchen** in der **Milch** 45 Min. einweichen. **Zwiebel** fein würfeln, **Petersilienblätter** fein schneiden, beides in heißer **Butter** glasig dünsten. **Majoranblätter** fein hacken.

2. **Leber** zu den Brötchen geben. **Eier**, **Zwiebel-Petersilien-Mischung**, **Salz**, **Pfeffer** und **Majoran** zugeben. Alles gut vermischen und 30 Min. durchziehen lassen.

3. Gemüse putzen und in kleine Stücke bzw. Ringe schneiden. In einem weiten Topf **Gemüsebrühe** mit dem Gemüse, **Lorbeer** und **Piment** aufkochen, 5 Min. köcheln lassen.

4. Knödelmasse mit angefeuchteten Händen zu Klößen formen, Klöße in die kochende Brühe geben und bei milder Hitze 30 Min. gar ziehen lassen.

BIBIBEATE: „Ich hatte kein altes Brot, also habe ich einige Scheiben im Ofen getrocknet."

Süddeutsche Brotsuppe ★★★★½

Pro Portion 229 KCAL

ZUTATEN (4 Portionen)

200 g altbackenes Brot (kein Körnerbrot, siehe Tipp)

2 El Butter

2 Zwiebeln

1 El Schweineschmalz

1 kleine Knoblauchzehe

½ Tl gemahlener Kümmel

1,5 l Fleischbrühe

½ Tl getrockneter Majoran

Salz, Pfeffer aus der Mühle

1 Bund Schnittlauch

SIMPEL

25 Min.

1. **Brot** in ½–1 cm große Würfel schneiden und in einer Pfanne in 1 El heißer **Butter** leicht knusprig braten. Herausnehmen und beiseitestellen.

2. **Zwiebeln** in Ringe schneiden, **Schmalz** und restlichen 1 El **Butter** in der Pfanne erhitzen, **Zwiebeln** darin bei milder Hitze unter häufigem Rühren anbräunen. **Knoblauch** dazu pressen, **Kümmel** untermischen und die Pfanne beiseitestellen.

3. **Fleischbrühe** mit **Majoran** aufkochen, mit **Salz** und **Pfeffer** abschmecken. **Schnittlauch** in Röllchen schneiden.

4. **Brot** und **Zwiebeln** in die Brühe geben, mit **Schnittlauch** bestreuen, sofort servieren. Oder **Brot** und **Zwiebeln** auf tiefen Tellern verteilen, Brühe angießen und mit **Schnittlauch** bestreuen.

TIPP

Am besten herzhaft! Besonders gut schmeckt ein kräftiges Bauernbrot, gern auch mit etwas Kümmel gewürzt, wie man es in Bayern und Österreich mag. Weißbrot eignet sich dagegen nicht so gut, es würde zu schnell durchweichen und bringt zu wenig Eigengeschmack mit.

BIJOU1966: „Ich gebe den Speck von Beginn an zusammen mit den Zwiebeln ins Öl."

Tiroler Gerstlsuppe ★★★★½

Pro Portion | 838 KCAL

ZUTATEN (2 Portionen)

1 kleine Zwiebel
3 El Öl
150 g Perlgraupen (siehe Tipp)
½ l Rindfleischbrühe
¼ Tl getrockneter Majoran
1 Lorbeerblatt
200 g durchwachsener Speck
1 Möhre
2 mittelgroße Kartoffeln
1 Stange Lauch
Salz, Pfeffer aus der Mühle
evtl. Rauchsalz
5 Stiele glatte Petersilie

SIMPEL
20 Min. + 30 Min. Kochzeit

1. **Zwiebel** fein würfeln. **Öl** in einem Topf erhitzen, **Zwiebel** darin glasig dünsten. **Gerste** unterrühren und hellbraun rösten. **Brühe** angießen, **Majoran** und **Lorbeer** dazugeben. Suppe aufkochen und zugedeckt 30 Min. köcheln lassen. Dabei gelegentlich umrühren und bei Bedarf noch etwas Wasser zufügen.

2. **Speck** in kleine Würfel schneiden. **Möhre** und **Kartoffeln** schälen und klein würfeln. **Lauch** putzen und in Ringe schneiden. Gemüse zur Suppe geben, mit **Salz**, **Pfeffer** und nach Belieben **Rauchsalz** abschmecken. Weitere 10 Min. garen, 5 Min. vor Ende der Garzeit **Speck** zugeben.

3. **Petersilienblätter** fein schneiden und zum Schluss über die Suppe streuen.

TIPP

Aufs Korn genommen! Bei Perlgraupen, auch Gerstengraupen oder Rollgerste genannt, handelt es sich um geschälte und geschliffene Gerstenkörner. Sie kochen sämig und sind daher ideal für Suppen und Eintöpfe.

NORMAL
25 Min.
+ 1 ¼ Std.
Kochzeit

► VERFASSER: BADEGAST1, WEB: CK-MAG.DE/010316

Gulaschsuppe ★★★★★

Pro Portion | 410 KCAL

ZUTATEN (4 Portionen)

2 El Butterschmalz

500 g Rindergulasch

1 große Zwiebel

2 Knoblauchzehen

1 El Tomatenmark

3 Tl rosenscharfes Paprikapulver

3 El edelsüßes Paprikapulver

2 Lorbeerblätter

4 Stiele Majoran

150 ml Rotwein

800 ml Rindfleischbrühe

Salz, Pfeffer aus der Mühle

1–2 El Zucker

3 große Kartoffeln

1 große Möhre

2 rote Paprikaschoten

½ Bund Petersilie, Blätter abgezupft

1. **Schmalz** in einem großen Topf erhitzen, **Fleisch** darin ca. 5 Min. anbraten. **Zwiebel** und **Knoblauch** fein würfeln, ca. 5 Min. mit andünsten. **Tomatenmark**, **Paprikapulver**, **Lorbeer** und gehackte **Majoranblättchen** unterrühren. Mit **Wein** und **Brühe** ablöschen.

2. Suppe mit **Salz**, **Pfeffer** und 1 El **Zucker** würzen, ca. 1 Std. köcheln lassen, dabei gelegentlich umrühren.

3. **Kartoffeln** und **Möhren** schälen, **Paprika** putzen. Alles in kleine Würfel schneiden. Zur Suppe geben, weitere 20 Min. köcheln lassen. Mit **Salz**, **Pfeffer** und **Zucker** abschmecken und mit gehackten **Petersilienblättern** bestreuen.

KOCH_PUSCHEL: „Bin begeistert, die Suppe hat die perfekte Schärfe."

Vegetarische Hauptgerichte

BÄRCHENKNUTSCHER: „Wenn man einen Esslöffel saure Sahne reingibt in den Teig, wird er beim Backen nicht so schnell grau."

Großmutters Reibekuchen

Pro Portion | 643 KCAL

ZUTATEN (4 Portionen)

3 Zwiebeln
12 große Kartoffeln (ca. 1 kg)
Salz, Pfeffer
2 Eier (Kl. M)
6-8 El Mehl
ca. **400 ml** Öl

1. **Zwiebeln** fein würfeln. **Kartoffeln** fein reiben. Mit viel **Salz** (ca. 1 gestr. Tl) und wenig **Pfeffer** würzen. **Eier** und **Zwiebeln** untermischen. Mit so viel **Mehl** bestäuben, dass die Kartoffelmasse bedeckt ist. Alles gut miteinander mischen.

2. **Öl** in einer Pfanne erhitzen. Reibekuchen darin portionsweise ca. 8 Minuten goldbraun ausbacken (sie müssen in Öl schwimmen). Reibekuchen auf Küchenpapier abtropfen lassen. Dazu passt Apfelmus.

VEGGIE

SIMPEL
20 Min. + Ausbackzeit

TIPP

Den Kuchen flach halten! Kartoffelmasse in der Pfanne mit der Rückseite eines Löffels in Form bringen. Je flacher, desto knuspriger! Die Puffer lassen sich gut warm halten: auf einem mit Küchenpapier ausgelegten Blech bei 100 Grad im Ofen.

Zwiebelkuchen mit Blauschimmelkäse ★★★★

Pro Stück | 515 KCAL

ZUTATEN (4 Portionen)

280 g runder Blätterteig (Kühlregal)

5 Zwiebeln

2-3 EL Olivenöl

200 g Blauschimmelkäse (z. B. „Bavaria blu" oder Gorgonzola)

1 Handvoll schwarze Oliven ohne Stein

2 Tl Thymianblättchen

Pfeffer aus der Mühle

1. **Blätterteig** in eine gefettete Tarteform (26 cm Ø) legen, zum Boden andrücken und einen Rand formen.

2. **Zwiebeln** in feine Ringe schneiden. **Öl** in einer Pfanne erhitzen, Zwiebeln darin bei mittlerer Hitze 15–20 Min. goldbraun dünsten, abkühlen lassen.

3. **Käse** auf den Teig bröseln, mit **Zwiebeln**, **Oliven** und **Thymian** bestreuen, mit **Pfeffer** würzen.

4. Zwiebelkuchen im heißen Ofen bei 200 Grad (Umluft 180 Grad) 25–30 Min. goldbraun backen.

VEGGIE

SIMPEL

25 Min. + 25 Min. Backzeit

Tipp: Handwerk Krendeln: Die hübsch geschwungenen Teigränder sind gekrendelt, das heißt rundum eingedreht. Mit dieser traditionellen Technik werden sie besonders dicht. Alternativ kann man sie auch mit einer Gabel gleichmäßig niederdrücken.

Osttiroler Schlipfkrapfen ★★★★★

Pro Portion 438 KCAL

VEGGIE

ZUTATEN (8 Portionen)

400 g doppelgriffiges Weizenmehl (z. B. Wiener Grießler; ersatzweise Spätzle- oder Instantmehl)

1 Ei (Kl. M)

1 Tl plus etwas Sonnenblumenöl

Salz, Pfeffer aus der Mühle

500 g mehligkochende Kartoffeln

1 mittelgroße Zwiebel

2 Knoblauchzehen

150 g Butter

100 g Magerquark

2 El Schlagsahne

1 Tl getrockneter Majoran

1 Tl getrockneter Thymian

6 El Schnittlauchröllchen

100 g gehobelter Bergkäse

1. Für den Teig **Mehl**, 170 ml lauwarmes Wasser, **Ei**, 1 Tl **Öl** und ½ Tl **Salz** erst mit den Knethaken des Handrührers, dann mindestens 5 Min. mit den Händen zu einem festen, aber elastischen Teig kneten. Teig mit etwas Öl bestreichen und abgedeckt an einem warmen Ort mindestens 30 Min. ruhen lassen.

2. Inzwischen für die Füllung ungeschälte **Kartoffeln** in kochendem Salzwasser 20 Min. garen. Abgießen, ausdampfen lassen und pellen. Noch heiß durch eine Kartoffelpresse in eine Schüssel drücken und Masse abkühlen lassen.

3. **Zwiebel** und **Knoblauch** fein würfeln, in 50 g heißer **Butter** glasig dünsten und zur Kartoffelmasse geben. **Quark**, **Sahne**, ½ TL **Salz**, **Pfeffer**, **Majoran**, **Thymian** und 3 El **Schnittlauchröllchen** zufügen und gut vermischen.

4. **Nudelteig** auf einer bemehlten Arbeitsfläche dünn ausrollen und mit einem Glas (7 cm Ø) dicht an dicht Kreise ausstechen. Je 1 Tl Füllung mittig daraufsetzen, Teigkreise zu Halbmonden zusammenklappen und die Ränder zwischen den Fingern fest zusammendrücken, eventuell „krendeln" (siehe Tipp). Fertig geformte Teigtaschen (Schlipfkrapfen) auf ein bemehltes Stück Backpapier geben.

5. In einem großen Topf reichlich Salzwasser aufkochen. Die Schlipfkrapfen vorsichtig ins leicht sprudelnde Wasser geben und 5–8 Min. garen (sie sind fertig, wenn sie an der Oberfläche schwimmen).

6. 100 g **Butter** in einem kleinen Topf schmelzen und goldbraun werden lassen. Schlipfkrapfen mit einer Schaumkelle herausnehmen, gut abtropfen lassen. Jeweils 8–10 Schlipfkrapfen auf flachen vorgewärmten Tellern anrichten und mit brauner **Butter** übergießen. Mit **Bergkäse** und Rest **Schnittlauch** bestreut servieren. Dazu passt Wildkräutersalat.

Hauptgerichte mit Fleisch

Geschmälzte Maultaschen
Leberkäse mit Bratkartoffeln und Spiegelei
Spitzkohl-Schupfnudel-Auflauf
Schnitzeltopf
Wirtshaus-Fleischpflanzerl
Bayerischer Entenbraten
Bergsteigerpizza
Jägernockerl
Würstchengulasch
Alpenschmaus
Klassischer Schweinekrustenbraten
Eierschwammerl-Gröstl mit Osttiroler Speck

Geschmälzte Maultaschen ★★★★½

Pro Portion | 365 KCAL

ZUTATEN (4 Portionen)

4 mittelgroße Zwiebeln

1 El neutrales Öl
oder Butterschmalz

2 l Gemüsebrühe

12 Maultaschen (Kühlregal)

½ Tl Zucker

Salz, Pfeffer aus der Mühle

1 El Butter

evtl. etwas Schnittlauch

1. **Zwiebeln** in feine Ringe hobeln. **Öl** in einer großen Pfanne erhitzen und die **Zwiebeln** darin bei kleiner bis mittlerer Hitze langsam weich und goldgelb braten (je langsamer, desto besser werden sie).

2. **Brühe** in einem weiten Topf aufkochen. Hitze reduzieren, **Maultaschen** zugeben und bei kleiner Hitze 10 Min. ziehen lassen. Mit einer Schaumkelle herausnehmen, abtropfen lassen und zugedeckt beiseitestellen.

3. Wenn die **Zwiebeln** goldgelb sind, Hitze erhöhen und **Zwiebeln** weiterbraten, bis sie eine braune Farbe annehmen. **Zwiebeln** mit **Zucker** bestreuen, leicht karamellisieren lassen. **Zwiebeln** salzen und die Butter zufügen. Hitze wieder reduzieren.

4. **Maultaschen** nach Belieben halbieren, zu den **Zwiebeln** geben und darin erwärmen (nicht anbraten). Maultaschen pfeffern und mit den **Zwiebeln** anrichten. Nach Belieben mit **Schnittlauch** garnieren. Dazu passt gemischter Salat oder Feldsalat.

SIMPEL

30 Min.

ABACUSTEAM: „Es gibt noch eine Abwandlung: Apfelspalten mit den Zwiebeln mitbraten."

BADEGAST 1: „Statt Kümmel kam bei uns frischer Thymian an die Kartoffeln."

Leberkäse mit Bratkartoffeln und Spiegelei ★★★★½

Pro Portion 677 KCAL

ZUTATEN (2 Portionen)

300 g Kartoffeln (am Vortag als Pellkartoffeln gekocht oder roh)

1 kleine Zwiebel

2 ½ El Öl

1 Tl Kümmelsamen

2 Eier (Kl. M)

1 Tl Butter

2 große Scheiben Leberkäse

Salz, Pfeffer

1 Prise Cayennepfeffer

evtl. **1 El** Schnittlauchröllchen

NORMAL

35 Min.

1. Gekochte **Kartoffeln** pellen und in ½ cm dicke Scheiben schneiden. Rohe **Kartoffeln** schälen und in 1 cm große Würfel schneiden. **Zwiebel** in feine Scheiben schneiden.

2. In einer Pfanne 2 El **Öl** erhitzen, gekochte **Kartoffel**- sowie **Zwiebelscheiben** darin kurz anbraten und mit **Kümmel** bestreuen. Bei mittlerer bis hoher Hitze 8-10 Min. unter gelegentlichem Schwenken braten. Rohe **Kartoffeln** im heißen Öl 10 Min. unter gelegentlichem Schwenken braten, erst dann **Zwiebel** und **Kümmel** zugeben, 8–10 Min. weiterbraten.

3. **Eier** in einer weiteren Pfanne in heißer **Butter** zu Spiegeleiern braten. In einer dritten Pfanne den **Leberkäse** im restlichen ½ El Öl von beiden Seiten bei starker Hitze anbraten, sodass er schön bräunt.

4. Bratkartoffeln mit **Salz**, **Pfeffer** und **Cayennepfeffer** würzen, weitere 3–4 Minuten bei starker Hitze knusprig braten. Bratkartoffeln und Leberkäse anrichten, auf jede Leberkäsescheibe 1 Spiegelei setzen, leicht salzen und pfeffern. Nach Belieben mit **Schnittlauch** bestreuen.

BAJADERA: „Man kann statt der Kabanossi auch gewürfeltes Kasseler nehmen."

Spitzkohl-Schupfnudel-Auflauf ★★★★½

Pro Portion | 872 KCAL

ZUTATEN (4 Portionen)

1 kleiner Spitzkohl
250 g Kabanossi
2 El Öl
500 g Schupfnudeln (Kühlregal)
Salz, Pfeffer
1 Prise Muskat
2 El Butter
1 ½ El Mehl
400 ml Milch
4 El Honig
3 El Senf
70 g geriebener Käse
evtl. **2–3 Stiele** Petersilie zum Garnieren

1. **Spitzkohl** putzen und in mundgerechte Stücke schneiden. **Kabanossi** in Scheiben schneiden und in einer beschichteten großen Pfanne ohne Öl kurz anbraten, herausnehmen und beiseitestellen.

2. **Öl** in die Pfanne geben und die **Schupfnudeln** darin rundherum braten, bis sie leicht gebräunt sind. Mit der **Kabanossi** in eine Auflaufform geben. **Spitzkohl** ins **Bratfett** in der Pfanne geben und 4 Min. unter Wenden bei mittlerer Hitze braten. Mit **Salz**, **Pfeffer** und **Muskat** würzen. Mit **Wurst** und **Schupfnudeln** in der Auflaufform vermengen.

3. In einem Topf **Butter** zerlassen, das **Mehl** darin anschwitzen. Unter Rühren nach und nach die **Milch** dazugießen. Unter ständigem Rühren aufkochen und 3–4 Min. köcheln lassen. Honig und Senf unterrühren, mit **Salz** und **Pfeffer** abschmecken.

4. Sauce auf der Spitzkohl-Schupfnudel-Mischung verteilen. Mit **Käse** bestreuen und im heißen Ofen bei 200 Grad (Umluft 180 Grad) 20 Min. überbacken. Nach Belieben mit **Petersilie** garnieren.

NORMAL

30 Min.

Schnitzeltopf ★★★★☆

Pro Portion | 570 KCAL

ZUTATEN (8 Portionen)

8 Schweineschnitzel (à 100 g)
Salz, Pfeffer
100 g Mehl
4–5 El Öl
700 g Zwiebeln
400 g Champignons
200 g Rohschinken
200 g Kochschinken
400 g saure Sahne
500 ml Schlagsahne

1. **Schnitzel** mit **Salz** und **Pfeffer** würzen und in **Mehl** wenden. In einer Pfanne in 2–3 El heißem **Öl** von jeder Seite 1–2 Min. anbraten. **Schnitzel** in eine große Auflaufform (26 × 20 cm) schichten.

2. **Zwiebeln** in Ringe schneiden, **Champignons** putzen und in Scheiben schneiden. **Zwiebeln** in 2 El **Öl** 5 Min. andünsten. **Champignons** zugeben, 3–4 Min. mitdünsten. Schinken klein würfeln, zur Zwiebelmischung geben und über den Schnitzeln verteilen. **Saure Sahne** und **Schlagsahne** verrühren, darübergeben und abgedeckt über Nacht im Kühlschrank ziehen lassen.

3. Schnitzeltopf im heißen Ofen bei 180 Grad (Umluft 160 Grad) 50 Min. backen. Dazu passt Baguette.

SIMPEL
45 Min.
+ 50 Min.
Backzeit
+ 12 Std.
Ziehzeit

COOKIE2013KRÜMEL: „Wir haben statt Schweineschnitzel Minutensteaks genommen."

Wirtshaus-Fleischpflanzerl ★★★★★

Pro Portion 464 KCAL

ZUTATEN (4 Portionen)

1 altbackenes Brötchen
100 ml Milch
½ Bund Majoran
1 große Zwiebel
500 g gemischtes Hackfleisch
1 gehäufter Tl Tomatenmark
2 gehäufte Tl mittelscharfer Senf
1 Ei (Kl. M)
1 Knoblauchzehe
Salz, Pfeffer
3 El Butterschmalz

1. **Brötchen** in **Milch** einweichen, **Majoranblättchen** fein schneiden. **Zwiebel** fein würfeln.

2. **Hack**, ausgedrücktes **Brötchen**, **Zwiebel**, **Tomatenmark**, **Senf**, **Majoran**, **Ei** und durchgepressten **Knoblauch** verkneten, mit **Salz** und **Pfeffer** würzen. Mit angefeuchteten Händen aus der Masse Frikadellen formen.

3. **Butterschmalz** in einer großen Pfanne erhitzen und die Frikadellen darin unter mehrmaligem Wenden bei mittlerer Hitze 15 Min. braten. Dazu passt Kartoffelsalat.

SIMPEL

30 Min.

K_089: „Wenn man keinen Majoran hat, kann man auch Petersilie verwenden."

STARLIGHT17483: „Ich ergänze die Füllung noch um Backpflaumen."

Bayerischer Entenbraten ★★★★

Pro Portion | 959 KCAL

ZUTATEN (4 Portionen)

1 Bund Suppengrün
1 Ente (3 kg, mit Hals)
2 El Öl
ca. **500 ml** Gemüsebrühe
3 Äpfel (500 g)
3 Zwiebeln
1 Bund glatte Petersilie
Salz, Pfeffer
50 ml Calvados

NORMAL
**1 Std. +
3-3 ½ Std.
Bratzeit**

1. **Suppengrün** putzen, grob zerkleinern. Hals und Flügelspitzen der Ente abschneiden.

2. In einem großen Topf 1 El **Öl** erhitzen. Hals und Flügelspitzen sowie die Hälfte vom **Suppengrün** bei starker Hitze 5–10 Min. anbraten. So viel **Brühe** angießen, dass alles bedeckt ist, und ca. 1 Std. köcheln lassen. Brühe durchsieben, den Siebinhalt gut ausdrücken, Entenfond beiseitestellen.

3. **Äpfel** schälen, entkernen. **Äpfel** und 2 **Zwiebeln** in Stücke schneiden und mischen. **Petersilienblätter** hacken, untermischen. **Ente** waschen, trocken tupfen, salzen und pfeffern. Mit der Apfelmischung füllen, mit Holzspießchen und Küchengarn verschließen.

4. Restliche **Zwiebel** würfeln. Mit dem restlichen **Suppengrün** in einem großen Bräter in 1 El **Öl** anbraten. Mit **Calvados** ablöschen, einkochen lassen. Entenfond angießen. **Ente** mit der Brust nach unten in den Bräter legen und zugedeckt im heißen Ofen bei 180 Grad (Umluft 160 Grad) 3–3 ½ Std. braten. Nach der Hälfte der Garzeit wenden.

5. **Ente** auf ein Blech legen, bei 230 Grad (Umluft 210 Grad) weitere ca. 10 Min. bräunen lassen. Sauce durch ein Sieb streichen, entfetten und nach Wunsch etwas einkochen. Mit **Salz** und **Pfeffer** würzen. Ente tranchieren und mit Füllung und Sauce anrichten.

Bergsteigerpizza ★★★★½

Pro Portion | 690 KCAL

ZUTATEN (4 Portionen)

1 Pizzateig, selbst gemacht oder gekauft

Für den Belag

100 g Frischkäse

50 ml Schlagsahne

Salz, Pfeffer

150 g milder roher Schinken

150 g Bergkäse (z. B. Appenzeller, Greyerzer)

1 El Schnittlauchröllchen

NORMAL

30 Min. + 40 Min. Gehzeit + 15 Min. Backzeit

1. **Pizzateig** je nach Rezept zubereiten bzw. vorbereiten.
2. Für den Belag **Frischkäse** mit **Sahne** verrühren, salzen und pfeffern. **Schinken** und **Bergkäse** in kleine Würfel schneiden.
3. Ausgerollten Teig mit **Frischkäsecreme** bestreichen, mit **Schinken** und **Käse** bestreuen. Im heißen Ofen bei 250 Grad (Umluft 230 Grad) auf der zweiten Schiene von unten 12–15 Min. backen. Mit **Schnittlauch** bestreuen.

Jägernockerl ★★★★½

Pro Portion | 852 KCAL

ZUTATEN (4 Portionen)

200 g durchwachsener Speck
2 Zwiebeln
200 g Käse (z. B. Mondseer oder Gouda)
Salz, Pfeffer
350 g Mehl
3 Eier (Kl. M)
60 g Schweineschmalz
4 El Schnittlauchröllchen

1. **Speck** und **Zwiebeln** fein würfeln. **Käse** in kleine Würfel schneiden.

2. In einem weiten Topf reichlich Salzwasser aufkochen. **Mehl** in einer Schüssel mit ca. 200 ml Wasser, ½ Tl Salz und **Eiern** mit den Quirlen des Handrührers zu einem weichen, zähen Teig verrühren.

3. Mit einem Teelöffel kleine Portionen vom Teig abnehmen, ins kochende Wasser geben und ca. 5 Min. köcheln lassen. Klößchen (Nockerl) abgießen, abschrecken und abtropfen lassen.

4. **Schmalz** in einer großen Pfanne erhitzen, Zwiebeln darin anbraten. **Speck** kurz mitbraten. Nockerl zufügen, salzen und pfeffern. **Käse** unterrühren, mit **Schnittlauch** bestreuen.

NORMAL
35 Min.

KBB1303: „Man kann übrigens gut alles in einer Pfanne garen, ohne die Würstchen nach dem Braten herauszunehmen."

▶ VERFASSER: MIMAX, WEB: CK-MAG.DE/320619

Würstchengulasch ★★★★½

Pro Portion 685 KCAL

ZUTATEN (4 Portionen)

300 g Nürnberger Rostbratwürstchen

4 Wiener Würstchen

400 g Möhren

1 kg Kartoffeln

1 große Gemüsezwiebel

2 El Öl

3 El Tomatenmark

2 El Mehl

1 l Fleisch- oder Gemüsebrühe

Salz, Pfeffer

2–3 Stiele glatte Petersilie

1. Beide **Würstchensorten** in mundgerechte Stücke schneiden. **Möhren** schälen und in Scheiben schneiden. **Kartoffeln** schälen und grob würfeln. **Zwiebel** grob würfeln.

2. **Öl** in einem großen Topf erhitzen, **Würstchen** darin rundum 3 Min. kräftig anbraten, herausnehmen. **Kartoffeln**, **Möhren** und **Zwiebel** ins Bratfett geben, 3 Min. anbraten. **Tomatenmark** unterrühren, kurz mit anbraten. Mit **Mehl** bestäuben, kurz weiterbraten.

3. Gemüse mit **Brühe** ablöschen, aufkochen und zugedeckt 15 Min. garen. **Würstchen** unterheben, Gulasch mit **Salz** und **Pfeffer** abschmecken. **Petersilienblätter** fein schneiden und darüberstreuen.

SIMPEL

30 Min.

TIPP

Dip, Dip, hurra! Pimpen Sie das Würstchengulasch mit einem Dip! Dafür 1 Becher Schmand mit Kümmel nach Geschmack und etwas Zitronenabrieb verrühren.

Alpenschmaus ★★★★

Pro Portion | 539 KCAL

ZUTATEN (4 Portionen)

2 El Butter

800 g Gnocchi (Kühlregal)

Salz, Pfeffer

2–3 Prisen Muskat

100 g Appenzeller

100 g Südtiroler Speck (in dünnen Scheiben)

½ Bund Schnittlauch

1. **Butter** in einer beschichteten Pfanne erhitzen und die **Gnocchi** darin rundherum goldbraun braten. Mit **Salz**, **Pfeffer** und **Muskat** würzen und in einer flachen Auflaufform verteilen.

2. **Käse** grob reiben, darüberstreuen. Unter dem heißen Backofengrill 3–5 Min überbacken, bis der Käse geschmolzen ist. **Tiroler Speck** darauf verteilen und noch einmal 3–5 Min. übergrillen, bis der Speck leicht knusprig ist.

3. **Schnittlauch** bis auf einige Halme in Röllchen schneiden und darüberstreuen. Mit Schnittlauchhalmen garnieren.

SIMPEL

25 Min.

STAUBZUCKERBÄCKERIN: „Ein frischer Salat dazu, und der Mittagstisch ist perfekt."

MONIGES: „Die Sauce habe ich mit püriertem Suppengemüse eingedickt."

▶ VERFASSER: SCHASTI, WEB: CK-MAG.DE/291022

Klassischer Schweinekrustenbraten ★★★★½

Pro Portion | 870 KCAL

ZUTATEN (6 Portionen)

1 Möhre (100 g)

100 g Knollensellerie

1 Zwiebel

2,5 kg Schweineschulter mit Schwarte

1 Tl Kümmel (ganz oder gemahlen)

1 Tl getrockneter Beifuß

Salz, Pfeffer

evtl. Sojasauce

NORMAL

30 Min. + 3 Std. Garzeit

1. **Möhre** und **Sellerie** schälen und in Stücke schneiden. **Zwiebel** in Scheiben schneiden.

2. **Zwiebelscheiben** auf den Boden eines großen Topfes legen. **Fleisch** mit der Schwarte nach unten darauflegen, mit so viel kochendem Wasser übergießen, dass die Schwarte vollständig im Wasser liegt. **Kümmel**, **Beifuß**, **Möhre** und **Sellerie** zugeben und mit **Pfeffer** würzen (nicht salzen). Zum Kochen bringen und mit Deckel bei sehr milder Hitze 1 Std. kochen lassen.

3. **Fleisch** aus dem Topf nehmen, Schwarte mit einem scharfen Messer in gleichmäßigen Abständen parallel oder rautenförmig einschneiden. Fleisch von allen Seiten kräftig salzen und pfeffern. Kochflüssigkeit durchsieben, leicht salzen und beiseitestellen.

4. **Fleisch** mit der Schwarte nach oben in einen Bräter setzen. Im heißen Ofen bei 200 Grad (Umluft 180 Grad) 2 Std. braten, dabei alle 20 Min. etwas Kochflüssigkeit angießen. 5 Min. vor Ende der Bratzeit Schwarte mit eiskaltem Salzwasser bepinseln.

5. Braten herausnehmen, Bratenfond durchsieben, Bratensatz im Bräter lösen und zum Fond geben. Falls er zu kräftig ist, Fond mit etwas Wasser verdünnen, falls er zu dünn ist, nach Belieben mit etwas **Sojasauce** nachwürzen. Dazu passen Kartoffelknödel

SANDRA_TIROLERIN: „Die Pilze finde ich im Wald, dazu den köstlichen Speck und heimische ‚Oskar' – die Abkürzung für Osttiroler Kartoffeln."

Eierschwammerl-Gröstl mit Osttiroler Speck ★★★★

Pro Portion 223 KCAL

ZUTATEN (2 Portionen)

400 g festkochende Kartoffeln
500 g Pfifferlinge (Eierschwammerl)
100 g Tiroler Speck (wenn möglich Osttiroler)
1 große rote Zwiebel
1 Knoblauchzehe
1 Bund Frühlingszwiebeln
1–2 El Butterschmalz
Salz, Pfeffer aus der Mühle
edelsüßes Paprikapulver
2 El Schnittlauchröllchen

SIMPEL
50 Min.

1. Ungeschälte **Kartoffeln** in kochendem Salzwasser zugedeckt 20 Min. garen. Abgießen, ausdampfen und abkühlen lassen. Dann pellen und in Scheiben schneiden.

2. **Pfifferlinge** mit einem Pinsel oder Küchenpapier vorsichtig säubern und putzen. **Speck** in schmale Streifen schneiden. **Zwiebel** und **Knoblauch** sehr fein würfeln. **Frühlingszwiebeln** putzen und in Ringe schneiden.

3. **Butterschmalz** in einer großen gusseisernen Pfanne erhitzen, **Kartoffelscheiben** darin von beiden Seiten bei mittlerer Hitze langsam knusprig und goldbraun braten. **Speck** und **Pfifferlinge** in die Pfanne geben und mitbraten. Wenn beides Farbe angenommen hat, **Zwiebel** und **Knoblauch** zufügen. Sobald die Zwiebel schön glasig ist, **Frühlingszwiebeln** zugeben und kurz durchschwenken.

4. Gröstl mit **Salz**, **Pfeffer** und **Paprikapulver** abschmecken, mit **Schnittlauch** bestreuen und servieren. Dazu passen Spiegeleier und ein gemischter Salat.

SANDRA_TIROLERIN: „Gibt es im Sommer fast täglich. Und frischer Schnittlauch gehört hier wie fast überall dazu."

Knödel

Speckknödel
Bayerische Knödel reloaded
Brezenknödel
Semmelknödel aus der Form
Bärlauchknödel
Tiroler Pressknödel
Südtiroler Käseknödel
Kaspressknödel mit Osttiroler Bergkäse
Spinatknödel mit Pilzragout
Südtiroler Knödeltris
Serviettenknödel

ANNE LUCAS, REDAKTIONSKÖCHIN: „Sind die Brötchen zwei bis drei Tage alt, müssen sie nicht mehr im Backofen getrocknet werden."

► VERFASSER: CK_PRINT KOCHSCHULE, WEB: CK-MAG.DE/590217

Speckknödel

Pro Portion | 632 KCAL

ZUTATEN (4 Portionen)

350 g Brötchen vom Vortag
180 g durchwachsener Speck (in Scheiben)
2 Zwiebeln
1 Bund glatte Petersilie
80 g Butter
200 ml Milch
Salz, Pfeffer
2–3 Prisen Muskat
2 Eier (Kl. M)
evtl. **60 g** geriebener Parmesan

PFIFFIG
1 ½ Std.

1. **Brötchen** mit einem Sägemesser in gleichmäßig dünne Scheiben oder kleine Würfel schneiden und auf einem Backblech verteilen.

2. Die Brötchenscheiben im heißen Ofen bei 100 Grad (Umluft 80 Grad) auf mittlerer Schiene 15 Min. trocknen und dann abkühlen lassen.

3. Durchwachsenen **Speck** in kleine Würfel schneiden. **Zwiebeln** ebenfalls fein würfeln.

4. **Petersilienblätter** von den Stielen zupfen und mit einem großen Messer fein schneiden.

5. In einer Pfanne 10 g **Butter** erhitzen, **Speckwürfel** darin anbraten, bis sie leicht knusprig sind und das Fett austritt. **Speck** herausnehmen.

6. Weitere 10 g **Butter** in die Pfanne geben, **Zwiebeln** darin ca. 5 Min. glasig dünsten.

7. **Milch** in die Pfanne gießen und erhitzen. Pfanne vom Herd nehmen, den Milchmix kräftig mit **Salz**, **Pfeffer** und **Muskat** würzen.

8. **Brötchen** in eine große Schüssel geben, **Speck** und **Petersilie** zufügen. Milchmix darübergießen, ca. 10 Min. ruhen lassen.

9. **Eier** zur Brötchenmischung geben, alles mit den Händen gründlich verkneten. Knödelteig weitere ca. 15 Min. ruhen lassen.

Bayerische Knödel reloaded ★★★★

Pro Portion 374 KCAL

ZUTATEN (4 Portionen)

6 Semmelknödel (gegart, abgekühlt, z. B. vom Vortag)

1 große rote Zwiebel

1 Bund Schnittlauch

4 El Weißweinessig

Salz, Pfeffer aus der Mühle

5 El Öl (z. B. Sonnenblumenöl)

1. **Knödel** halbieren, Hälften in Scheiben schneiden und fächerförmig auf vier Teller verteilen. **Zwiebel** in dünne Ringe schneiden, auf den Knödeln verteilen. **Schnittlauch** in Röllchen schneiden.

2. **Essig**, **Salz**, **Pfeffer** und **Öl** mit einem Schneebesen zu einer Vinaigrette verquirlen, die Knödel damit beträufeln. Mit **Schnittlauch** bestreuen.

VEGGIE

SIMPEL 15 Min.

LUMPI_68: „Ein Biergartenklassiker! Ich mache dieses Rezept auch gern halb und halb mit Wurstsalat."

Brezenknödel ★★★★½

Pro Portion | 725 KCAL

ZUTATEN (4 Portionen)

6 Laugenbrezeln vom Vortag (700 g)
200 ml Milch
100 g Zwiebeln
50 g Butter
1 Bund Petersilie
3 Eier (Kl. M)
Salz, Pfeffer
Muskat

1. **Brezeln** in kleine Würfel schneiden und in eine große Schüssel geben. **Milch** erhitzen und darübergießen.

2. **Zwiebeln** fein würfeln, in der heißen **Butter** glasig dünsten. **Petersilie** fein schneiden, **Eier** verquirlen. Alles zu den Brezenwürfeln geben. Knödelteig mit den Händen gut durchmischen, mit **Salz**, **Pfeffer** und **Muskat** würzen und 20–30 Min. durchziehen lassen. Nach der Hälfte der Zeit durchrühren.

3. Mit angefeuchteten Händen 8–10 Knödel formen. In reichlich kochendes Salzwasser geben, bei milder Hitze 20–25 Min. gar ziehen lassen. Mit einer Schaumkelle herausnehmen.

VEGGIE

NORMAL
30 Min.
+ 20 Min.
Ruhezeit

Semmelknödel aus der Form ★★★★★

Pro Portion 358 KCAL

ZUTATEN (6 Portionen)

300 g altbackene Brötchen
1 Zwiebel
50 g Butter
125 g Baconwürfel
1 Bund Petersilie
3 Eier (Kl. M)
275 ml kalte Milch
Salz, Pfeffer
Muskat

SIMPEL
20 Min. + 1 Std. Ruhezeit

1. **Brötchen** fein würfeln. **Zwiebel** fein hacken. **Butter** in einer Pfanne schmelzen, **Speck**- und **Zwiebelwürfelchen** anbraten. Zum Brot in eine große Schüssel geben. **Petersilie** hacken und ebenfalls in die Schüssel geben.

2. **Eier** trennen. **Eigelb** mit **Milch** verquirlen, mit **Salz**, **Pfeffer** und **Muskat** herzhaft abschmecken und langsam über die Brotmasse träufeln. 20 Min. durchziehen lassen.

3. Alles gut verrühren oder mit den Händen durchkneten. **Eiweiß** steif schlagen und unterheben.

4. Masse in eine Backform umfüllen. (Geeignet sind Silikonformen, beschichtete Kastenformen oder auch gefettete längliche Auflaufformen.)

5. **Knödel** im heißen Ofen bei 200 Grad (Umluft 180 Grad) 35 Min. backen. 5 Min. in der Form abkühlen lassen, dann vorsichtig auf einen Teller stürzen. In Scheiben schneiden und servieren.

TIPP Der Knödel passt sehr gut zu Gerichten mit viel Sauce, zum Beispiel zu Gulasch oder Pilzen in Sahne.

Bärlauchknödel ★★★★½

Pro Portion 867 KCAL

ZUTATEN (2 Portionen)

200 g Brötchen vom Vortag oder Knödelbrot (z. B. Dinkelvollkorn vom Bäcker)

1 Zwiebel

100 g Butter

120 ml Milch

2 Eier (Kl. L)

Salz, Pfeffer aus der Mühle

80 g Bärlauch

Muskat

evtl. **20 g** Kartoffelstärke oder **50 g** Mehl

evtl. **80 g** geriebener Parmesan

SIMPEL

15 Min. + 30 Min. Geh- und Garzeit

1. **Brot** fein würfeln und in eine Schüssel geben. **Zwiebel** fein hacken. 2 El **Butter** in einer Pfanne zerlassen, **Zwiebel** darin goldgelb dünsten und zum Brot geben. **Milch**, **Eier** und **Salz** verquirlen, über die Brotmasse geben und gut durchmischen. Abgedeckt 30–40 Min. quellen lassen.

2. **Bärlauch** waschen, trocken schütteln, fein schneiden und unter die Knödelmasse mischen. Mit frisch geriebenem **Pfeffer** und **Muskat** würzen. Sollte der Teig zu weich sein, nach Belieben mit etwas **Stärke** oder **Mehl** binden.

3. Aus der Masse 6 kleine Knödel formen und in kochendem Salzwasser 10–12 Min. gar ziehen lassen. Restliche **Butter** in einer Pfanne zerlassen.

4. Knödel mit einem Schaumlöffel aus dem Wasser heben, gut abtropfen lassen. Mit der geschmolzenen **Butter** beträufeln und nach Belieben mit **Parmesan** bestreuen. Dazu passt Blattsalat.

Baumfrau: „Bei uns gab es Frikadellen, Kohlrabi-Möhren-Gemüse und Sahnesauce dazu – passte prima zusammen."

RUMIHO: „Wenn der Testknödel auseinanderläuft, nimm einfach mehr Mehl dazu und wälze ihn auch noch vorm Ausbacken in Mehl."

Tiroler Pressknödel ★★★★

Pro Portion | 442 KCAL

ZUTATEN (4 Portionen)

500 g mehligkochende Kartoffeln

Salz

200 g Tiroler Graukäse (siehe Tipp)

5 El Mehl

125 ml Milch

100 g Butter

1 Zwiebel

1 l Rindfleischbrühe

evtl. einige Stiele Kräuter (z. B. Majoran, Schnittlauch, Petersilie)

1. **Kartoffeln** schälen, vierteln und in kochendem Salzwasser 20–25 Min. garen. Abgießen, ausdampfen lassen und noch heiß durch die Kartoffelpresse drücken.

2. **Käse** grob reiben und untermischen. **Mehl** und **Milch** zufügen, alles zu einer formbaren Masse verarbeiten, dabei je nach Konsistenz eventuell mehr **Mehl** oder mehr **Milch** untermischen. Masse mit **Salz** abschmecken und 15 Min. ruhen lassen.

3. Mit nassen Händen aus dem Kartoffelteig kleine Knödel formen und auf einem großzügig bemehlten Brett zu 2 cm dicken Pressknödeln flach drücken.

4. **Butter** portionsweise in einer Pfanne erhitzen (Boden leicht bedeckt). Pressknödel darin nacheinander von beiden Seiten goldbraun braten.

5. **Zwiebel** in Ringe schneiden, mit der **Fleischbrühe** in einem Topf aufkochen. Vom Herd nehmen, Pressknödel hineingeben und 2–3 Min. ziehen lassen. Zum Servieren nach Belieben mit frischen **Kräutern** bestreuen.

NORMAL

30 Min. + 20 Min. Garzeit + 15 Min. Ruhezeit

TIPP

Käsespezialität aus den Alpen: Graukäse ist ein in Tirol sehr beliebter würziger, fettarmer Sauermilchkäse. Als Ersatz können Sie kräftigen Bergkäse verwenden.

SCHNUCKI25: „Habe die übrigen Knödel am nächsten Tag angebraten – sehr lecker!"

Südtiroler Käseknödel

VEGGIE

Pro Portion 927 KCAL

ZUTATEN (4 Portionen)

4 Eier (Kl. M)

Salz, Pfeffer aus der Mühle

1 Prise Muskat

300 g Käse am Stück, mehrere Sorten (z. B. Bergkäse, Emmentaler, Parmesan)

1 Bund Petersilie

2 Zwiebeln

3 El Olivenöl

200 ml Milch

500 g Knödelbrot oder altbackene Brötchen

1. **Eier** mit **Salz**, **Pfeffer** und **Muskat** verquirlen. **Käse** in kleine Würfel schneiden.

2. **Petersilienblätter** abzupfen, fein hacken. **Zwiebeln** in kleine Würfel schneiden. **Öl** in einer Pfanne erhitzen und die **Zwiebelwürfel** darin 2–3 Min. glasig dünsten.

3. **Milch** leicht erwärmen, dann über die Brotwürfel gießen (Brötchen vorher klein würfeln). Eiermasse, **Käsewürfel** und **Petersilie** mit den Händen mit der Brotmasse sehr gründlich verkneten.

4. Mit angefeuchteten Händen aus der Masse ca. 12 Knödel formen und in kochendes Salzwasser geben. Knödel ca. 20 Min. gar ziehen, aber nicht kochen lassen, da die Knödel sonst zerfallen.

NORMAL

50 Min.

TIPP

Passende Begleiter! Dazu schmecken in Zwiebeln und Petersilie angebratene Pilze oder gedünsteter Blattspinat. Als kleinere Klößchen sind sie auch lecker in einer Brühe.

KEUKENMEISJE: „Je kleiner die Knödel, desto mehr Anteil hat die extrem leckere Käsekruste."

▶ VERFASSER: SANDRA_TIROLERIN, WEB: CK-MAG.DE/220822

Kaspressknödel mit Osttiroler Bergkäse

VEGGIE

Pro Portion | 677 KCAL

ZUTATEN (4 Portionen)

250 g Brötchen vom Vortag oder Knödelbrot

1 mittelgroße Zwiebel

1 Knoblauchzehe

125 g milder Bergkäse (wenn möglich Osttiroler)

125 g würziger Bergkäse (wenn möglich Osttiroler)

2 Stiele glatte Petersilie

40 g Butter

250 ml Milch

3 Eier (Kl. L)

1 El Mehl

Salz, Pfeffer aus der Mühle

Muskat

2 El Butterschmalz

2 El Schnittlauchröllchen

1. **Brötchen** in kleine Würfel schneiden. **Zwiebel** und **Knoblauch** fein würfeln. **Käse** reiben. **Petersilienblätter** fein schneiden.

2. **Butter** in einer Pfanne erhitzen, **Zwiebel** und **Knoblauch** darin glasig dünsten. Mit **Milch** ablöschen. Pfanneninhalt über die Brötchen gießen, 10 Min. ziehen lassen. **Eier**, **Käse**, **Petersilie** und **Mehl** zugeben und mit den Händen gründlich vermischen. Den Knödelteig mit **Salz**, **Pfeffer** und **Muskat** würzen, 10 Min. ruhen lassen.

3. Aus der Masse mit angefeuchteten Händen 8 Knödel formen und leicht flachdrücken.

4. **Butterschmalz** in einer großen Pfanne erhitzen und die Knödel darin langsam von beiden Seiten goldbraun braten. Auf Küchenpapier abtropfen lassen.

5. Knödel nach Belieben in klarer Gemüsesuppe oder mit einem grünen Salat anrichten. Mit **Schnittlauch** bestreuen und servieren.

SCHENZ: „Habe Tomatensauce dazu gemacht, was ganz toll gepasst hat.“

▶ VERFASSER: MOUNTOXI, WEB: CK-MAG.DE/450318

Spinatknödel mit Pilzragout ★★★★★

Pro Portion | 734 KCAL

ZUTATEN (4 Portionen)

200 g TK-Blattspinat
250 g altbackenes Weißbrot
1 Bund Petersilie
2 Zwiebeln
2 El Butter
100 ml heiße Milch
60 g Bergkäse
2 Eier (Kl. M)
100 g Ricotta
Salz, Pfeffer
Muskat
evtl. **3–4 El** Semmelbrösel
500 g gemischte Pilze
100 g durchwachsener Speck
200 ml Waldpilzfond (Glas)
300 ml Schlagsahne

1. Für die Knödel **Spinat** nach Packungsanweisung auftauen, leicht ausdrücken und grob hacken. **Weißbrot** in kleine Würfel schneiden und in eine Schüssel geben. **Petersilie** fein schneiden. 1 **Zwiebel** fein würfeln, in 1 El heißer **Butter** glasig dünsten. Spinat zufügen, 3–5 Min. andünsten. **Petersilie** zugeben und kurz mitdünsten.

2. **Milch** über das Brot träufeln und 15 Min. quellen lassen. **Käse** reiben. Spinatmischung, **Eier**, **Ricotta** und **Käse** mit dem eingeweichten Brot gründlich verkneten, mit **Salz**, **Pfeffer** und **Muskat** abschmecken. Falls die Masse sehr weich ist, Semmelbrösel unterkneten. Knödelteig zugedeckt 15 Min. quellen lassen.

3. Für das Ragout die **Pilze** putzen und je nach Größe etwas kleiner schneiden. Übrige **Zwiebel** fein würfeln. **Speck** klein würfeln. **Speck** und **Zwiebel** in restlichem 1 El **Butter** anbraten. **Pilze** zufügen und ohne Deckel bei starker Hitze 5 Min. braten. Fond und Sahne angießen, aufkochen und 3–5 Min. köcheln lassen.

4. In einem weiten Topf Salzwasser aufkochen. Mit nassen Händen aus dem Knödelteig 8 Knödel formen, ins Wasser gleiten lassen und bei milder Hitze 15 Min. sieden (nicht sprudelnd kochen) lassen. Herausheben, mit dem Pilzragout anrichten.

TIPP **Darf's etwas mehr sein?** Wir haben zu Knödeln und Pilzen noch kleine Kalbsschnitzelchen gebraten.

TIPP **So schmeckt es auch Veggies:** Sie lassen den Speck im Pilzragout einfach weg oder servieren die Knödel mit Salbeibutter und reichlich gehobeltem Käse.

SIMPEL
20 Min.
+ 1 Std.
Ruhezeit

Südtiroler Knödeltris ★★★★½

VEGGIE

Pro Portion 532 KCAL

ZUTATEN (6 Portionen)

Für die Spinatknödel

20 g Butter
60 g Zwiebeln
1 Knoblauchzehe
300 g frischer Blattspinat
Salz, Pfeffer
Muskat
2 Eier (Kl. M)
150 g Knödelbrot (oder altbackene Brötchen)
50–80 ml Milch
50 g Magerquark
2 El Weizenmehl

Für die Rote-Bete-Knödel

20 g Butter
30 g rote Zwiebeln
150 g Knödelbrot (oder altbackene Brötchen)
100 g gekochte Rote Beten (vakuumiert)
2 Eier (Kl. M)
50 g Magerquark
1 Prise Salz
1 Msp. Korianderpulver
1 Msp. getrockneter Salbei
1 Msp. Kümmelpulver

Für die Käseknödel

150 g Gruyère
150 g Knödelbrot (oder altbackene Brötchen)
2 Eier (Kl. M)
50–80 ml Milch
Salz
Muskat
1 El Speisestärke

Spinatknödel: **Butter** in einem Topf zerlassen. **Zwiebeln** würfeln, **Knoblauch** durchpressen, beides glasig anschwitzen. **Blattspinat** in wenig kochendem Wasser zusammenfallen lassen, abschrecken, ausdrücken und fein hacken. Mit **Salz**, **Pfeffer** und **Muskat** würzen. **Spinat** und **Eier** mit dem Stabmixer fein pürieren. **Brot** klein würfeln, in einer Schüssel mit Zwiebelmix mischen. **Spinat**, **Milch**, **Quark** und **Mehl** zugeben, mit den Händen zu einem Teig kneten. 20 Min. ruhen lassen. Aus der Masse 6 kleine Knödel formen und in kochendem Salzwasser 10 Min. gar ziehen lassen.

Rote-Bete-Knödel: **Butter** in einer Pfanne schmelzen. **Zwiebel** fein würfeln und darin glasig dünsten. **Brot** klein würfeln, in einer Schüssel mit den **Zwiebeln** mischen. **Rote Beten** und **Eier** im Mixer pürieren. Mischung mit **Quark** unter die **Brotwürfel** mischen. Leicht salzen und mit **Koriander**, **Salbei** und **Kümmel** würzen. Knödelteig 20 Min. ruhen lassen. Aus der Masse 6 kleine Knödel formen und in kochendem Salzwasser 10 Min. gar ziehen lassen.

Käseknödel: **Gruyère** reiben. **Knödelbrot** klein würfeln und mit geriebenem **Käse**, **Eiern**, **Milch**, je 1 Prise **Salz** und **Muskat** sowie **Speisestärke** gut vermischen. 20 Min. ruhen lassen. Aus der Masse 6 kleine Knödel formen und in kochendem Salzwasser 10–12 Min. gar ziehen lassen.

Serviettenknödel ★★★★

Pro Portion | 338 KCAL

ZUTATEN (6 Portionen)

100 g durchwachsener Speck

2 kleine Zwiebeln (ca. 100 g)

1 Bund glatte Petersilie

10–12 Brötchen (500 g, vom Vortag)

6 Eier (Kl. M)

400 ml heiße Milch

Salz

1 Prise frisch geriebene Muskatnuss

1. **Speck** und **Zwiebeln** fein würfeln. **Speck** in einer Pfanne ca. 5 Min. sanft auslassen, **Zwiebeln** zufügen, glasig dünsten. **Petersilienblätter** hacken, kurz mitdünsten, beiseitestellen.

2. **Brötchen** in kleine Würfel schneiden, in eine Schüssel geben. Verquirlte **Eier** und Speck-Zwiebel-Masse locker untermischen, heiße **Milch** darübergießen. Alles gut durchmischen, mit **Salz** und **Muskat** abschmecken. Knödelteig ca. 10 Min. ruhen lassen.

3. Ein großes angefeuchtetes Geschirrtuch ausbreiten, Knödelteig als dicke Rolle darauf verteilen. In das Tuch wickeln, Enden zusammendrehen und mit Küchengarn zubinden. Rolle in einen Bräter mit kochendem Salzwasser legen, bei milder Hitze und halb aufgelegtem Deckel ca. 30 Min. sieden lassen. Herausnehmen, auswickeln und in Scheiben schneiden.

NORMAL

30 Min. + 40 Min. Ruhe- und Garzeiten

Gebäck & Nachtisch

Zwetschgen-Rahmkuchen

Aprikosen-Minigugelhupfe

Erdbeer-Vanille-Zupfkuchen

Apfelküchle

Zwetschgenfleck oder auch Zwetschgendatschi

Apfelstrudel aus Südtirol

Blattln mit Grantn
(Hefeküchlein mit Preiselbeeren)

Mohn-Vanille-Gugelhupf

Altbaerlis Kaiserschmarren

Tiroler Scheiterhaufen im Glas

Palatschinken mit feiner Walnussfüllung

Topfenstrudel

Schwarzbeerschmarrn

GUGUHÖPFLI: „Zwetschgen nicht ganz an den Formenrand legen, so läuft der Saft nicht aus."

Zwetschgen-Rahmkuchen ★★★★

Pro Portion 558 KCAL

VEGGIE

ZUTATEN (12 Stücke)

Für den Mürbeteig
100 g Mehl
50 g Butter
1 El Zucker

Für den Biskuitboden
2 Eier (Kl. M)
75 g Zucker
75 g Mehl
1 Tl Backpulver
1 Prise Salz

Für den Guss
300 g saure Sahne
5 Eier (Kl. M)
100 g Zucker
100 g Mehl
50 g flüssige Butter
1 El Amaretto
400 ml Schlagsahne

Für die Streusel
125 g Mehl
25 g gemahlene Mandeln
75 g Butter (Stückchen)
75 g Zucker
1 Tl Zimt

Für den Belag
3 El Konfitüre nach Geschmack (z. B. Aprikosenkonfitüre)
1 kg Zwetschgen (halbiert, entsteint)

1. Für den Mürbeteig **Mehl**, **Butter** in Stückchen, **Zucker** und 2 El kaltes **Wasser** verkneten. Teig rund (28 cm Ø) ausrollen und in eine gefettete Springform legen. Mehrfach einstechen und im heißen Ofen bei 200 Grad (Umluft 180 Grad) 10–12 Min. vorbacken. Mürbeteigboden kurz abkühlen lassen und vorsichtig aus der Form lösen.

2. Für den Biskuit **Eier** trennen. **Eigelb** und **Zucker** hellcremig schlagen. **Mehl** und **Backpulver** mischen und darübersieben. **Eiweiß** mit **Salz** steif schlagen, auf das **Mehl** geben und alles gut unterheben.

3. Boden der Springform mit Backpapier auslegen (Rand nicht fetten, sonst steigt der Teig nicht hoch). Teig einfüllen, im heißen Ofen bei 200 Grad (Umluft nicht geeignet) 15–20 Min. goldgelb backen. Biskuit abkühlen lassen, aus der Form nehmen.

4. Für den Guss **saure Sahne**, **Eier** und **Zucker** verrühren. **Mehl**, **Butter**, **Amaretto** und **Sahne** nach und nach unterrühren.

5. Für die Streusel alle Zutaten verkneten.

6. Mürbeteigboden in die Springform legen, mit **Konfitüre** bestreichen. Biskuit darauflegen. **Zwetschgen** kreisförmig darauf verteilen, Guss darübergießen. Im heißen Ofen bei 190 Grad (Umluft 170 Grad) 15 Min. backen. Streusel darauf verteilen, Kuchen 30–40 Min. fertig backen (Stäbchenprobe!).

7. Da die Masse sehr dünnflüssig ist, sollte die Form gut schließen. Oder Sie legen Backpapier auf den Ofenboden.

Aprikosen-Minigugelhupfe ★★★★☆

Pro Portion 336 KCAL

ZUTATEN (6 Stück)

50 g getrocknete Aprikosen
100 g weiche Butter
100 g Zucker
1 Pck. Vanillezucker
½ Tl Bio-Zitronenabrieb
2 Eier (Kl. M)
100 g Mehl
2 Tl Backpulver
150 g Vollmilchjoghurt
evtl. **1 Pck.** Zitronen-Kuchenglasur

SIMPEL
25 Min. + 30 Min. Backzeit

1. **Aprikosen** in kleine Würfel schneiden. **Butter**, **Zucker**, **Vanillezucker** und **Zitronenschale** mit den Quirlen des Handrührers cremig schlagen. Eier einzeln unterrühren.

2. **Mehl** und **Backpulver** mischen, kurz unterrühren. Zum Schluss **Joghurt** und **Aprikosenwürfel** unterrühren.

3. Teig gleichmäßig in sechs gefettete, mit **Mehl** bestäubte Minigugelhupfförmchen verteilen. Im heißen Ofen bei 180 Grad (Umluft 160 Grad) ca. 30 Min. backen.

4. Gugelhupfe auf ein Kuchengitter stürzen und abkühlen lassen. Nach Belieben mit Zitronenglasur überziehen.

VEGGIE

SIMPEL
30 Min.
+ 1 Std.
Backzeit

Erdbeer-Vanille-Zupfkuchen ★★★★

Pro Portion 452 KCAL

VEGGIE

ZUTATEN (12 Stücke)

Für den Mürbeteig

250 g Mehl
50 g Kakao
120 g Butter
75 g Zucker
1 Ei (Kl. M)

Für das Portweinpüree

100 g Erdbeeren
100 ml Portwein oder roter Fruchtsaft
50 g Zucker
25 g Speisestärke

Für den Belag

150 g Butter
100 g Zucker
2 Pck. Vanillezucker
3 Eier (Kl. M)
500 g Vanillejoghurt
1 Pck. Vanillepuddingpulver
25 g Speisestärke
200 g Erdbeeren

1. Für den Mürbeteig **Mehl**, **Kakao**, **Butter** in Stückchen, **Zucker** und **Ei** zu einem glatten Teig verkneten. ⅔ des Teiges in einer gefetteten Springform (24 cm Ø) zum Boden andrücken, dabei einen 3 cm hohen Rand formen.

2. Für das Portweinpüree **Erdbeeren** putzen. Mit **Portwein** in einem Topf mit dem Stabmixer, pürieren. **Zucker** zugeben und aufkochen. **Stärke** mit 25 ml Wasser glattrühren, dazugeben und bei mittlerer Hitze dicklich einkochen.

3. Für den Belag **Butter**, **Zucker** und **Vanillezucker** mit den Quirlen des Handrührers schaumig schlagen. **Eier** trennen. **Eigelb** unterrühren. **Vanillejoghurt**, **Puddingpulver** und **Stärke** nacheinander unterrühren.

4. **Erdbeeren** putzen. Eine Hälfte klein würfeln, andere Hälfte halbieren. **Eiweiß** steif schlagen, **Erdbeerwürfel** vorsichtig unterziehen und auf die Püreemasse geben. Mit halbierten **Erdbeeren** belegen, restlichen Mürbeteig darüberzupfen.

5. Den Kuchen im heißen Ofen bei 180 Grad (Umluft 160 Grad) 1 Std. backen (Stäbchenprobe).

ALINA1ST: „Statt Joghurt geht auch Vanillequark, eventuell noch ein klein wenig Flüssigkeit dazugeben."

Apfelküchle

Pro Portion | 600 KCAL

ZUTATEN (2 Portionen)

90 g Mehl
1 Ei (Kl. M)
1 Prise Salz
25 g Zucker
75 ml Milch
2 große Äpfel (z. B. Boskop)
4 El Öl

1. **Mehl**, **Ei**, **Salz**, **Zucker** und **Milch** zu einem dicklichen Teig verrühren. **Äpfel** schälen, Kerngehäuse entfernen und in dünne Ringe schneiden.

2. **Öl** in einer Pfanne erhitzen. **Apfelringe** in den Teig tauchen und etwas abtropfen lassen. Apfelringe in die Pfanne geben und bei mittlerer Hitze portionsweise goldbraun braten. Dazu passen Puderzucker, Vanillesauce, Apfelmus oder Zimt und Zucker.

VEGGIE

SIMPEL

25 Min.

BAVARIA1954: „Der Teig war auch nach zwei Tagen noch ganz weich, ohne durchgeweicht zu sein."

Zwetschgenfleck oder auch Zwetschgendatschi ★★★★½

VEGGIE

Pro Stück | 323 KCAL

ZUTATEN (20 Stücke)

Für den Mürbeteig
250 g Magerquark
250 g weiche Butter oder Margarine
250 g Mehl
3 El Zucker

Für den Hefeteig
400 g Mehl
100 g Zucker
2 Pck. Vanillezucker
2 Pck. Trockenhefe
Abrieb von **1** Bio-Zitrone
200 ml Milch
50 g weiche Butter
1 Ei (Kl. M)

Für den Belag
1,5 kg Zwetschgen
ca. 2 El Zucker

1. Für den Mürbeteig alle Zutaten mit den Knethaken des Handrührers zügig zu einem glatten Teig verarbeiten. Zugedeckt bei Zimmertemperatur ruhen lassen.

2. Für den Hefeteig **Mehl**, **Zucker**, **Vanillezucker**, **Hefe** und **Zitronenschale** in die Rührschüssel der Küchenmaschine geben. **Milch** leicht erwärmen, mit **Butter** und **Ei** dazugeben und alles zu einem geschmeidigen Teig verkneten. Teig 30–45 Min. an einem warmen Ort gehen lassen, bis sich das Volumen verdoppelt hat.

3. Für den Belag **Zwetschgen** halbieren und entsteinen.

4. Mürbeteig zum Hefeteig in die Küchenmaschine geben und beide Teige gut verkneten (der Teig ist sehr weich).

5. Teig auf einem gefetteten Backblech ausrollen. Mit **Zwetschgen** belegen und mit **Zucker** (Menge nach Geschmack) bestreuen. Im heißen Ofen bei 200 Grad (Umluft 180 Grad) 30–40 Min. backen. Nach Belieben noch heiß ein weiteres Mal mit **Zucker** bestreuen.

MUSKETNUSS: „Einziger Fehler war, das Geschirrtuch nicht gründlich genug mit Mehl zu bestäuben, mir ist der Teig kleben geblieben."

▶ VERFASSER: MICKYJENNY, WEB: CK-MAG.DE/61219

Apfelstrudel aus Südtirol ★★★★★

VEGGIE

Pro Portion 528 KCAL

ZUTATEN (6 Portionen)

100 g Rosinen
100 g Butter
220 g Mehl
1 Ei (Kl. M)
1 Prise Salz
Öl zum Einstreichen
1 kg Äpfel (z. B. Elstar, Boskop)
Abrieb von 1 Bio-Zitrone
2 El Zitronensaft
3 El Pinienkerne, Mandelstifte oder gehackte Haselnusskerne
70 g Zucker
½ Tl Zimtpulver
2 El Semmelbrösel
1 El Puderzucker

SIMPEL
1 Std. + 1 Std. Backzeit

1. **Rosinen** in Wasser einweichen und die **Butter** in einem Topf schmelzen. **Mehl** auf die Arbeitsflache häufen, in die Mitte eine Mulde drücken. 2 El flüssige **Butter**, Ei und **Salz** hineingeben. Zutaten vom Rand her mischen, zu einem elastischen Teig verkneten und dabei 100 ml lauwarmes Wasser einarbeiten. Zur Kugel formen, mit etwas Öl einpinseln und an einem warmen Ort unter einer umgedrehten Schüssel 30 Min. ruhen lassen.

2. **Äpfel** schälen, vierteln und entkernen. In dünne Scheiben schneiden und mit **Zitronenabrieb**, **-saft**, **Pinienkernen**, **Zucker** und **Zimt** mischen. **Rosinen** abtropfen lassen und untermischen.

3. Ein großes Geschirrtuch mit **Mehl** bestauben. Teigkugel darauf flach drücken, dann hauchdünn ausrollen, bis das Muster des Tuchs durchschimmert (Könner gehen mit den Händen unter den Teig und ziehen ihn mit den Handrücken in alle Richtungen vorsichtig auseinander).

4. Teig dünn mit zerlassener **Butter** bestreichen und mit Bröseln bestreuen. **Apfelmischung** darauf verteilen, dabei an den Seiten einen 2–3 cm breiten Rand frei lassen. Eine Längsseite über die Füllung schlagen, Schmalseiten ebenfalls einschlagen. Teig mithilfe des Tuchs aufrollen und auf ein mit Backpapier belegtes Blech gleiten lassen.

5. Mit restlicher **Butter** bestreichen und im heißen Ofen bei 200 Grad (Umluft 180 Grad) 1 Std. backen. Lauwarm abkühlen lassen. Zum Servieren mit **Puderzucker** bestauben. Dazu passt **Schlagsahne**.

SANDRA_TIROLERIN: „Ich backe höchstens zwei Blattln gleichzeitig im heißen Fett aus."

Blattln mit Grantn (Hefeküchlein mit Preiselbeeren) ★★★★☆

VEGGIE

Pro Stück | 296 KCAL

ZUTATEN (12 Stücke)

1 Würfel Hefe (42 g)

250 ml lauwarme Milch

400 g doppelgriffiges Weizenmehl (z. B. Wiener Grießler; ersatzweise Spätzle- oder Instantmehl)

40 g plus etwas Puderzucker

40 g Butter

2 Eigelb (Kl. M; zimmerwarm)

1 Prise Salz

2 cl Rum

1 Msp. Vanillemark

500 g Butterschmalz

400 g Wildpreiselbeeren (Glas)

1. Frische **Hefe** in lauwarmer **Milch** auflösen. 200 g **Mehl** und 10 g **Puderzucker** unterrühren. Den Vorteig zugedeckt an einem warmen Ort mindestens 30 Min. gehen lassen.

2. **Butter** schmelzen. **Butter**, **Eigelb**, 200 g **Mehl**, 30 g **Puderzucker**, **Salz**, **Rum** und **Vanillemark** zum Vorteig geben und mit den Knethaken des Handrührers zu einem glatten, geschmeidigen Teig verkneten. Teig zugedeckt an einem warmen Ort 30–45 Min. gehen lassen, bis sich das Volumen verdoppelt hat.

3. Teig auf bemehlter Arbeitsfläche kurz durchkneten und weitere 30 Min. zugedeckt ruhen lassen.

4. Teig zur Rolle formen, in 12 Portionen teilen, jeweils zu Kugeln formen und auf ein mit Backpapier belegtes Backblech legen. Mit einem Küchentuch abdecken, weitere 30 Min. gehen lassen.

5. **Butterschmalz** in einem weiten Topf auf 160 Grad erhitzen. In die Teigkugeln mit dem Daumen mittig eine Delle drücken und die Kugeln jeweils mit den Fingern rundherum vorsichtig auseinanderziehen, sodass Fladen mit sehr dünner Mitte und dickerem Rand entstehen. Teigfladen nacheinander vorsichtig in das heiße Fett gleiten lassen und von beiden Seiten goldbraun backen. Auf Küchenpapier abtropfen lassen.

6. Blattln mit **Puderzucker** bestäuben und zum Servieren mit je 1–2 EL **Preiselbeeren** füllen.

TIPP

So geht's auch! Da es nur selten frische Preiselbeeren gibt, bieten wir hier die schnelle Variante mit Wildpreiselbeeren aus dem Glas an. Tirolerin Sandra macht die Marmelade in ihrem Originalrezept selber.

▶ VERFASSER: SANDY07, WEB: CK-MAG.DE/340320

Mohn-Vanille-Gugelhupf ★★★★½

Pro Stück | 472 KCAL

ZUTATEN (12 Stücke)

250 g weiche Butter
250 g Zucker
1 Pck. Vanillezucker
1 Prise Salz
6 Eier (Kl. M; zimmerwarm)
250 g Mehl
2 ½ Tl Backpulver
1 Pck. Vanillepuddingpulver
20 g Speisestärke
8 El Schlagsahne
8 El Eierlikör
200 g backfertige Mohnzubereitung (z. B. „Mohn Back")
1 El Puderzucker

SIMPEL
20 Min. + 40 Min. Backzeit

1. **Butter**, **Zucker**, **Vanillezucker** und **Salz** mit den Quirlen des Handrührers schaumig rühren. **Eier** einzeln unterrühren. **Mehl**, **Backpulver**, **Puddingpulver** und **Speisestärke** mischen, abwechselnd mit **Sahne** und **Eierlikör** unterrühren.

2. Die Hälfte des Teigs in eine gefettete und bemehlte Gugelhupf- oder Kranzform füllen, unter die andere Teighälfte die Mohnzubereitung rühren. Mohnteig auf dem hellen Teig verteilen, Teigschichten mit einer Gabel spiralförmig durchziehen. Kuchen im heißen Ofen bei 180 Grad (Umluft 160 Grad) 40–45 Min. backen (Stäbchenprobe). Falls die Oberfläche zu dunkel wird, Kuchen mit Backpapier abdecken.

3. Kuchen etwas abkühlen lassen, stürzen und vollständig auskühlen lassen. Mit **Puderzucker** bestäuben.

VEGGIE

SILVIA-LIEBT-NEUE-REZEPTE: „Früher hab ich ihn immer in der Pfanne gemacht. Aber so geht es viel leichter, und er wird superfluffig."

Altbaerlis Kaiserschmarren ★★★★★

Pro Stück 479 KCAL

ZUTATEN (4 Portionen)

4 Eier (Kl. M)
130 g Mehl
250 ml Milch
1 El Vanillezucker
1 Prise Salz
50 g Zucker
50 g Butter
50 g Rosinen
30 g Zucker
2 El Puderzucker

1. **Eier** trennen. **Mehl**, **Milch**, **Vanillezucker**, **Eigelb** und **Salz** mit einem Schneebesen glatt verrühren.

2. **Eiweiß** steif schlagen, **Zucker** dabei einrieseln lassen. Eischnee unter den Teig heben.

3. **Butter** in einer ofenfesten Pfanne schmelzen. Teig in die Pfanne geben, **Rosinen** darüberstreuen.

4. Masse im heißen Ofen bei 200 Grad (Umluft 180 Grad) 15 Min. backen. Danach in Viertel teilen, wenden und weitere 10 Min. goldbraun fertig backen. Mit einer Gabel in Stücke teilen, mit **Zucker** bestreuen und im Ofen karamellisieren lassen. Herausnehmen und mit **Puderzucker** bestreut servieren. Dazu passt Pflaumenkompott.

SIMPEL
30 Min.

VEGGIE

TIPP

Schnee schieben! Aufgeschlagenes Eiweiß kann wegen seines hohen Proteingehalts große Mengen an Luftbläschen binden. Diese machen den Schmarrn besonders locker. Eischnee also behutsam unter den Teig heben, damit nicht so viele Luftbläschen zerplatzen.

BEEFRIEND: „Gigantisch gut! Vanillesauce toppt es noch."

Tiroler Scheiterhaufen im Glas ★★★★½

VEGGIE

Pro Portion | 468 KCAL

ZUTATEN (4 Portionen)

2 Handvoll Rosinen

3 El Rum

2 altbackene Brötchen

2 säuerliche Äpfel (z. B. Cox Orange, Boskop)

2–3 El Zucker

¼ Tl Zimt

2 Eier (Kl. M)

200 ml Schlagsahne

2 Tl Butter

1. **Rosinen** in eine Schüssel geben, mit **Rum** beträufeln und beiseitestellen. **Brötchen** in dünne Scheiben schneiden. **Äpfel** schälen, vierteln, entkernen und in dünne Scheiben hobeln. Mit 1–2 El **Zucker** und **Zimt** mischen. **Rumrosinen** untermischen.

2. Vier ofenfeste Portionsgläser (z. B. Weckgläser) bis 1 cm unterhalb des Randes mit **Butter** fetten. Apfel-Rosinen-Mischung und Brötchenscheiben abwechselnd einschichten, dabei mit einer Schicht **Brötchen** abschließen.

3. **Eier** trennen. **Eigelb** und **Sahne** verquirlen und über die Brötchen-Apfel-Mischung gießen. **Eiweiß** mit restlichem 1 El **Zucker** steif schlagen, auf der Oberfläche verteilen.

4. Scheiterhaufen im heißen Ofen bei 180 Grad (Umluft nicht geeignet) 15 Min. backen. Warm servieren.

NORMAL

25 Min.
+ 15 Min.
Backzeit

PUMPKIN-PIE: „Die Füllung ist ganz besonders lecker, die verschiedenen Aromen passen wunderbar zusammen."

Palatschinken mit feiner Walnussfüllung ★★★★★

Pro Portion | 1028 KCAL

VEGGIE

ZUTATEN (2 Portionen)

Für den Teig

125 ml Milch

60 ml Mineralwasser

2 Eier (Kl. M)

100 g Mehl

1 Prise Salz

2 El Butter

Für die Füllung

125 ml Milch

100 g gemahlene Walnüsse

1 El Honig

½ El brauner Zucker

1 ½ El Amaretto

1 Msp. Zimt

30 g Kokosraspel

Zum Verzieren

1 El Schokoladen- oder Zimtsauce

frische Beeren

1 El Mandelblättchen

1 Stiel Minze

1 Tl Puderzucker

1. Für den Teig **Milch**, **Mineralwasser**, **Eier**, **Mehl** und 1 Prise **Salz** mit den Quirlen des Handrührers verrühren, 15 Min. ruhen lassen. Nacheinander je 1 EL **Butter** in einer Pfanne schmelzen und die Pfannkuchen darin ausbacken.

2. Für die Füllung **Milch** in einem Topf erwärmen und mit den restlichen Zutaten glattrühren.

3. Palatschinken mit der Füllung bestreichen, einrollen und halbieren. Mit **Sauce**, **Beeren**, **Mandeln**, **Minze** und **Puderzucker** garnieren.

Topfenstrudel

VEGGIE

Pro Stück 260 KCAL

ZUTATEN (8 Portionen)

250 ml Milch
½ Pck. Vanillepuddingpulver
120 g Zucker
2 El Hartweizengrieß
250 g Quark (20 % Fett)
1 Ei (Kl. M)
evtl. **40 g** Rumrosinen
1 Pck. Blätterteig (Kühlregal, 270 g)
1 Eigelb (Kl. M)
1–2 Tl Puderzucker

NORMAL
20 Min. + 20 Min. Backzeit

1. In einem Topf **Milch**, **Puddingpulver**, **Zucker** und **Grieß** verrühren. Unter Rühren zum Kochen bringen, einmal aufkochen und abkühlen lassen.

2. **Quark** und **Ei** verrühren und unter die Puddingmasse heben. Nach Belieben **Rosinen** untermischen.

3. **Blätterteig** entrollen, mit der Quarkmasse bestreichen, dabei ringsherum einen kleinen Rand frei lassen. Blätterteig aufrollen, die Seiten etwas zusammendrücken. Mit der Naht nach unten auf ein mit Backpapier belegtes Backblech legen.

4. Strudel mit einer Gabel mehrfach einstechen. **Eigelb** und 1 El Wasser verrühren, Strudel damit bestreichen und mit etwas Wasser besprenkeln. Im heißen Ofen bei 200 Grad (Umluft 180 Grad) 20–30 Min. backen. Vor dem Servieren mit Puderzucker bestäuben.

CHARLILIY: „Habe in die Masse etwas Zitronenschale und -saft gegeben. Ganz toll!"

Schwarzbeerschmarrn ★★★★★

VEGGIE

Pro Portion 540 KCAL

ZUTATEN (2 Portionen)

6 Eier (Kl. M)

2 gehäufte El plus etwas Zucker

130 g Mehl

250 ml Milch

1 Spritzer Zitronensaft

1 Schuss Rum

1 El Vanillezucker

1 Prise Salz

15 g Butter

200 g Heidelbeeren (Schwarzbeeren, frisch oder TK; nach Belieben leicht gezuckert)

etwas Puderzucker

1. **Eier** trennen. **Eiweiß** und 2 El **Zucker** mit den Quirlen des Handrührers steif schlagen.

2. **Mehl**, **Milch**, **Eigelb**, **Zitronensaft**, **Rum**, **Vanillezucker** und **Salz** mit dem Schneebesen zu einem glatten Teig verrühren. **Eischnee** vorsichtig unterheben.

3. **Butter** in einer großen ofenfesten Pfanne erhitzen, den Teig hineingießen (oder Teig auf zwei kleinere Pfannen verteilen). 10 Tl **Heidelbeeren** auf dem Teig verteilen und einsinken lassen.

4. Schmarrn auf der Unterseite goldbraun backen. Wenden und im heißen Ofen bei 180 Grad (Umluft 160 Grad) 5–6 Min. fertig backen.

5. Pfanne aus dem Ofen nehmen. Schmarrn mit zwei Gabeln in kleine Stücke reißen, mit etwas **Zucker** bestreuen und im heißen Ofen kurz karamellisieren lassen.

6. Schmarrn mit **Puderzucker** bestäuben, mit einigen **Heidelbeeren** garnieren und sofort mit den restlichen **Heidelbeeren** servieren.

NORMAL

40 Min.